シンプルな材料だけで美味しく作れる
低糖質の焼き菓子

山本蓮理
Renri Yamamoto

秀和システム

はじめに

　低糖質＆低カロリー＆グルテンフリーで大人の夢を叶えるお菓子。
『夢見菓子』はそんなコンセプトのもと、2019年6月に生まれ変わりました。

　以前は「深夜の焼き菓子」をテーマに、砂糖や小麦粉がたくさん入ったお菓子を
作っていた私。試作を繰り返す中で、徐々に冷え性の悪化、栄養不足、そして体重
増加に悩まされるようになりました。
　お菓子が好き、食べたい。だけど、このままでは自分の健康が侵されてしまう
……。一時は廃業するかどうか考えるまでに追い詰められてしまいました。
　その後、食事改善やダイエットに取り組む中で"糖質制限"を知り、『夢見菓子』
でこれが実現できたらと、低糖質スイーツの研究を始めました。

「これなら低糖質でも美味しい！　自信を持っておすすめできる！」と初めて思っ
たのは、ダークラムのきいたガトーショコラ"夢見るためのガトーショコラ"が完
成したときです。
　それと同時に、これまでお菓子をプレゼントしても「ダイエットしているからご
めんね」「糖質を避けていて食べられないの」と残念そうに言っていた周りの人た
ちの顔が思い浮かびました。

　自分と同じように悩む人にも、これなら食べてもらえるかもしれない。心からそ
う思えたときの喜びは、今も忘れることができません。
　その後さらに"低カロリー""グルテンフリー"の要素を加えて、『夢見菓子』は改
良を重ね、たくさんの方に愛されるブランドに成長しています。

　美容や健康に気をつかう中でも、罪悪感なくスイーツを楽しみたい。『夢見菓子』
という名前には、そんな大人の夢を叶えたいという思いが込められています。甘す
ぎず、お酒のきいたスイーツが多いのも特徴です。

　今回はそんな『夢見菓子』の思いを受け継ぎ、シンプルな材料でより簡単に作れ
るようなレシピをたくさん考案しました。お店の味をお家で無理なく再現するには
どうしたらいいのだろう？　と、試行錯誤を重ねてできたのが、この本の31のレ
シピです。

　材料や型はスーパーや100均でそろうものばかり。お店で使用するような手に入
りにくいものはありません。

私は、低糖質スイーツにありがちな、おから感が強いもっさりしたもの、食感がパサパサしたもの、味気ないものが苦手です。そのため、アーモンドパウダーやおからパウダー、豆腐で糖質を抑えつつ、できる限り風味や食感を損なわないように作りました。甘味は植物性の天然素材から作られたラカントSを使用しています。

　目指したのは、"シンプルなのにリッチな味"です。

　作り方も、ほとんどは順に混ぜていくだけ。一番難しいレシピでも、メレンゲを別のボウルで作って最後に混ぜ合わせるだけです。

　お菓子作り初心者の方でも、計量を事前に行い、落ち着いて一つひとつの作業をこなしていけば、きっと美味しく仕上がると思います。いずれの工程もハンドミキサーがあると驚くほど簡単になるので、まだ持っていない方は一台常備するのがおすすめです。

　お菓子作りは私にとって、子どものころから唯一自分が使える魔法でした。自分や周りの人を美味しさで幸せにできるのです。そんな幸せの魔法に、大人になった今、"低糖質"というさらに強力な要素が加わり、ますますお菓子作りが楽しく幸せな時間になっています。

　この本には、低糖質スイーツは味気ないと諦めていた方、大好きなスイーツを我慢してきた方にこそ試してほしいレシピが詰まっています。

　ダイエットや制限の中でも、リッチで美味しいスイーツを楽しめる。そんな魔法が、この本を手にした方にも宿りますように。

夢見菓子　山本蓮理

Contents

《#1》 ガトーショコラとチーズケーキ

《#2》 パウンドケーキとケークサレ

《#3》 フルーツとナッツ、野菜のケーキ

《#4》 甘いクッキー 甘くないクッキー

《#5》 冷たい焼き菓子 温かい焼き菓子

《#6》 お土産やプレゼントに ぴったりな焼き菓子

本文中の表記について

・糖質量はラカントSを除いた量を記載しています（ラカントSの糖質は体内に吸収されないため）。
・大さじ、小さじを利用する際のグラム換算は下記を基準にしています。
〈ラカントS〉小さじ1＝4g／大さじ1＝13g　〈ベーキングパウダー〉小さじ1＝4g　〈ココア、シナモン〉小さじ1＝2g／大さじ1＝6g
〈油〉小さじ1＝4g／大さじ1＝12g　〈牛乳、レモン汁、酒〉小さじ1＝5g／大さじ1＝15g

低糖質が体にやさしい理由

そもそも糖質とは？

　三大栄養素には「炭水化物」「タンパク質」「脂質」があり、糖質は「炭水化物」の一部です。炭水化物は、体に消化吸収される「糖質」と消化されない「食物繊維」に分けられます。

　糖質を含む食事をすると、糖質は体内で消化吸収されてブドウ糖になります。血液中のブドウ糖を「血糖」と呼び、血液中のブドウ糖の濃度を表したものが「血糖値」です。

　血糖値が急激に上昇すると、インスリンというホルモンの過剰分泌が起きて体に脂肪を溜め込みやすくなります。気持ちが不安定になるなどの精神的な影響が出ることもあります。日々の食事の中で糖質をコントロールすることは、**暴飲暴食を防ぎ、健康な体を保つ**ために推奨されています。

糖質制限は様々な食事法の中の一つ

　近年は多くの食事法が提唱されています。糖質制限、脂質制限、グルテンフリー、ヴィーガン、マクロビなどはそれぞれ別の考え方です。使ってもいい食材や、体への作用などが違ってきますので、**自分の体質や目的に合った食生活**を模索しましょう。

　ちなみにこの本では、小麦粉やグルテンを含む食材を使用していないため、全てのレシピが低糖質でありながらグルテンフリーにもなっています。

低糖質スイーツ作りの基本ルール

　お菓子によく使われる材料に、バター、砂糖、卵、小麦粉などがあります。そのうち砂糖はほぼ100％が、小麦粉は70％以上が糖質でできています。一般的なお菓子の糖質が高い理由は、この糖質の高い材料を大量に使用するため。

　低糖質スイーツは、これらの材料の代わりに糖質の低い材料を使って作ります。例えば、砂糖は植物性甘味料のラカントSやステビアに、小麦粉はアーモンドパウダーや大豆粉、おからパウダーなどに置き換えます。そうすることで、一般的なお菓子の糖質を大幅にカットしたスイーツを作ることができるのです。

　この本では、手に入りやすい材料を使うため、**「砂糖をラカントSに」「小麦粉をアーモンドパウダーやおからに」**置き換えています。

材料を糖質の低いものに置き換えることで、どのくらい低糖質になるか？

　ガトーショコラを例に考えてみましょう。通常、ガトーショコラで使われている砂糖や小麦粉、チョコレートなどを、この本ではラカントSやアーモンドパウダー、ココアパウダーなどに置き換えて作ります。同じ量のガトーショコラを作った場合と比較して、**糖質は1/3、熱量は1/2**ほどに抑えて作ることができます。

　この本に掲載しているレシピは全て**一切れあたりの糖質5g以下（ラカントS除く）、熱量150kcal以下**になるように作っています。ガトーショコラ以外のスイーツも全て市販のものより大幅に糖質・熱量をカットすることに成功しました。

低糖質なのに美味しい理由

　低糖質スイーツ作りの基本は材料の置き換えですが、ただ砂糖をラカントSに置き換えたり、小麦粉をアーモンドパウダーに置き換えただけでは美味しいスイーツになりません。材料にはそれぞれ特徴があり、焼いたときに起こる変化も様々です。

　そのため最適な配合を目指し、日々研究を重ねています。レシピ開発は、完全に砂糖や小麦粉の食感や味を再現するのではなく、**「新しい美味しいもの」**を作り上げるという感覚で行っています。

　砂糖や小麦粉に近づけるため、最近では様々な食材が発売されていますし、そうした食材を使って一般的なお菓子に近づけることもできます。しかし、日常生活の中で手に入りづらい食材ばかりでは手軽に作れなくなってしまうため、できる限りスーパーなどで手に入る材料を使うことを心がけています。

　また、低糖質スイーツといえばパサパサで味気ないものを想像される方もいらっしゃると思います。いくら糖質が低いからといって、おからや豆腐などの一部の材料を過剰に使ってしまうと、肝心の美味しさが損なわれてしまうのです。食の基本は、**「美味しいから楽しい」**。そのため、糖質や熱量の数値を気にしながら、全体のバランスを考えた配合を目指して作っています。

この本のお菓子作りのコツ

材料は全部量っておきましょう

　材料はぜひ、事前に量って用意してください。面倒だなと思うかもしれませんが、先に量っておけば作るときには粉やはかりを片付けられてスペースがあきます。混ぜて入れての作業も量り間違うことなくサッとでき、スムーズに作れます。

　この本では、一緒に量っておいていい材料がわかるようになっています。できるだけ洗い物を少なくするためにも、同じ器で量っておきましょう。

　またこのとき、バターやクリームチーズ、卵など常温に戻すものは戻しておきましょう。

オーブンは予熱しておきましょう

　予熱をしておかないとオーブンの温度が上がるまでに時間がかかり、指定の焼き時間で綺麗に焼き上がらないこともあります。材料を量ったらオーブンの予熱もセットしておきましょう。

型に型紙を敷いておきましょう

　型紙を敷かなくてもナイフを入れたりして型から外すことはできますが、敷いたほうが型が汚れず仕上がりも綺麗なので必ず敷くことをおすすめします。型紙の敷き方はp.18を参照してください。

おすすめはハンドミキサー！ とにかくよく混ぜて

この本のレシピは全て泡立て器でも作れますが、ハンドミキサーと書いてあるものはハンドミキサーで作るのがおすすめです。手よりもパワーがあるため生地がよく混ざり、短時間で作れます。

小麦粉を使用した一般的なお菓子のレシピでは、ハンドミキサーで混ぜるとグルテンが生成されてしまい生地が固くなる可能性があります。しかしこの本のレシピでは小麦粉を使用していないため、粉類も全てハンドミキサーで混ぜて問題ありません。

※メレンゲを生地に合わせる際は、ハンドミキサーで混ぜると気泡が潰れてしまうためゴムベラを使用しましょう。クッキーなど固い生地を混ぜるときも、ゴムベラのほうが混ぜやすいことがあります。

Point
・チーズやバターは常温に戻した柔らかい状態からよく練る
・液体を入れるとき、固いものを混ぜるときは低速から
・メレンゲを泡立てるときは高速でOK
・ただ混ぜるときはスイッチを切って混ぜてもOK

作ったお菓子は早めに食べ切り、保存は冷蔵庫か冷凍庫で

ラカントSは砂糖のような保存性がないため、ラカントSを使用したケーキは冷蔵保存で2～3日を目安になるべく早く食べ切りましょう。ラップをして冷凍保存もできますが、ラカントSは冷えると再結晶化する性質があるため、ジャリジャリとした食感になることがあります（品質には問題ありません）。解凍する際は、常温は避けて冷蔵庫で解凍しましょう。

なお、クッキーは冷蔵・冷凍保存してしまうと湿気が出て食感が悪くなるため、密閉容器や袋で保存して1週間以内に食べ切ってください。

材料・道具について

ぜひそろえてほしい材料・道具

ラカントS

　この本ではラカントS（顆粒）を使用。スーパーの砂糖・調味料コーナーで売っています。「羅漢果（ラカンカ）」という果実の高純度エキスとトウモロコシの発酵から得られる天然甘味成分「エリスリトール」から作られています。カロリーはゼロ、糖質は体内で吸収されず体外に排出されるため、糖質もカロリーもカットすることが可能。砂糖と同じ分量で使えるので、普段の料理にも使用できます。少し高価ですが、糖質オフには欠かせないのでぜひ購入してください。

　ラカントSはシャリっとした食感が特徴的で、口に入れるとひんやりと感じます。熱を加えると溶け、冷えると再結晶化する性質があるので、ラカントSを使用したお菓子にはこの食感が残りやすく、表面などが白っぽくなることがあります（食べるのに問題はありません）。また、ラカントSを使ったお菓子は表面が乾燥しやすいので、なるべく早くラップなどをかけて保存しましょう。

アーモンドパウダー

　スーパーの製菓材料コーナーや製菓材料店、ネットショップなどで購入できます。アーモンドは抗酸化作用をもたらすビタミンEを多く含み、食物繊維も豊富。いろいろ作るなら、少し値は張りますが500g入りなど量の多いものを買うのがおすすめ。たくさん作れてトータルでは割安ですし、冷凍保存ができて便利です。

　アーモンドパウダーには、皮付きと皮なしの2種類があります。この本では皮なしのものを使用。色が薄く、風味もマイルドで様々なお菓子に使えます。アーモンドの風味を際立たせたいお菓子には、皮付きのものを使用しても美味しく仕上がります。

ハンドミキサー、泡立て器

　この本ではハンドミキサーの使用をおすすめしています。最近は3000円くらいでも購入できるのでぜひ使ってみてください。私はクイジナートを使っていますが、重くて威力があるので上級者向けです。安さならテスコムがおすすめです。

　泡立て器で作る場合は、自分の手にフィットする大きさのものを使い、レシピの通りによく混ぜるように意識しましょう。

はかり（デジタルスケール）

　1g単位で量れるデジタルスケールがおすすめです。1000円くらいから購入できます。

　このレシピでは大さじ・小さじで量るものもスケールで量れるようにグラムで記載しています。材料を量るときには、スケールに容器をおいて0gにセットしてから材料を入れてください。

型（ケーキ型、パウンド型、クッキー型、マフィン型、ココット型）

　サイズや形が違う型を使用すると、仕上がりや焼き時間が変わってレシピの通りに作れない可能性があるため、できるだけ同じか近いものを使用してください。この本で使用している型はこのサイズです。マフィン型は100均で売っているマフィンカップでも代用できます。

ケーキ型　：15cm丸型、17cmシフォンケーキ型
パウンド型：縦8cm×横18cm×高さ6cm
クッキー型：直径4cm丸型
マフィン型：直径7cm
ココット型：直径7.6cm(95mℓ)

その他の材料

1. 粉類（ココア、抹茶、スパイスなど）

ココアは無糖ココアを、抹茶は緑茶パウダーではなく抹茶を使用してください。製菓用のスパイスはシナモンが代表的ですが、クローブやナツメグなど自分の好きなものを使ってアレンジするのも楽しいです。

2. ナッツ類

ナッツ類は油分を多く含むためカロリーは高めですが、良質な油なので積極的に摂りましょう。見た目や食感のアクセントにもなります。

3. バター、油脂類

バターは無塩バター、油は米油や菜種油（キャノーラ油）、太白胡麻油などクセのないものを使います。バターを油に、油をバターにするなど代用できるものはレシピに書いてありますが、それ以外はレシピ通りのものを使ってください。

4. 酒類

この本ではマイヤーズダークラムとサントリーブランデーV.O、キルシュヴァッサーなどを使用しています。自分の好みの種類に置き換えても構いません。ラム、ブランデー、ウイスキーなどの蒸留酒であれば低糖質のお菓子に使えます。リキュールや果実酒などは糖質が高いため注意が必要です。

5. 乳製品（生クリーム、粉チーズ、クリームチーズ、ヨーグルト）

この本では動物性の生クリームを使用していますが、植物性でも大丈夫です。粉チーズやクリームチーズもお好みのものを。ヨーグルトは無糖のものを使用してください。

6. ベーキングパウダー

お菓子をふっくらと仕上げます。アルミニウムフリーのものがおすすめです。

7. おから、おからパウダー

スーパーの豆腐コーナーで売っています。この本ではおからとおからパウダーのどちらを使っても作れるようにしました。おからパウダーはパウダー20gに対し水80gで戻すと生おから100gとして使用できるものを基準にしています。戻し方は各製品のパッケージをご確認ください。

8. 豆腐

絹のほうが口当たりよく仕上がるため絹を使用していますが、木綿でも大丈夫です。パックの水は捨ててから使いましょう。

9. 卵

Mサイズを使用しています。

10. 野菜・果物

目安量は記載していますが、野菜や果物は個体差があるので、糖質や熱量を抑えるためにもできるだけ正確に分量を量ってください。

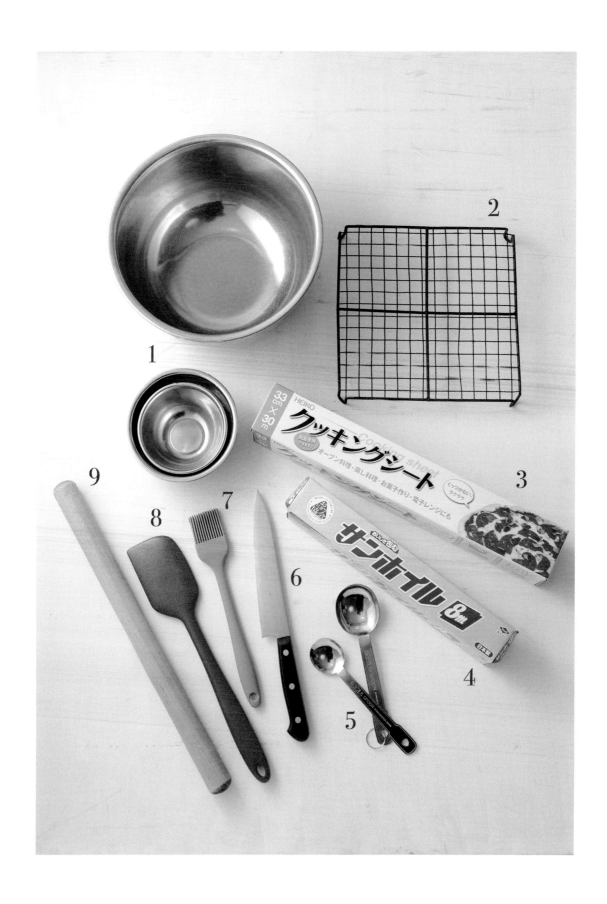

1

2

33cm×30m HEIKO クッキングシート
オーブン料理・蒸し料理・お菓子作り・電子レンジにも
くっつかない！ラクラク

3

サンホイル 8m

4

5

6

7

8

9

その他の道具

1. ボウル
私は直径21cmで深さ13cmのものと深さ11cmのものをメインで使用しています。メレンゲを作る場合は底が平たくなっているものがハンドミキサーでも混ぜやすくおすすめです。材料を計量する際は小さめのボウルもしくは深さのある器も用意しておくと便利です。

2. ケーキクーラー
ケーキやクッキーを冷ますのに使用します。

3. クッキングシート
型紙にしたり、クッキーを焼くときに天板に敷いたりして使います。高価なものでなくて大丈夫です。オーブンの天板に合わせた幅のものを選ぶと使いやすいです。

4. アルミホイル
湯煎のお湯が型に入るのを防ぎます。オーブンの火力が強いときに被せれば焼き色を抑えることもできます。

5. 大さじ・小さじ
少量の液体や粉類を量るのに使います。この本では使用量をグラムと併記しているので、ない場合はスケールで量ってください。

6. ナイフ
果物用ナイフくらいの小さめのものが1本あると、食材をカットしたり、生地を型紙から剥がしたりするのに便利です。

7. 刷毛
お酒を塗るお菓子に使います。シリコン製のものは清潔に使用することができ洗うのも簡単です。

8. ゴムベラ
メレンゲなどの泡を潰さずに混ぜたいとき、生地を型に入れるときや表面をならすときなどに使います。

9. めん棒
クッキー生地を伸ばすときに使います。

> **❀ Point**
> ・オーブンは2段の電気コンベクションオーブンを使用しています。電子レンジを使用するときの出力は600Wです。機種や使用年数によって加熱時間が異なることがあるので、ご家庭の機種の様子を見ながら加減してください。
> ・大さじ1 =15mℓ、小さじ1 = 5 mℓです。グラム換算はp.5を参照してください。

さらに上手に作るコツ

メレンゲの立て方

しっかり泡立てたメレンゲは、ふんわりと膨らんだケーキを作るために欠かせないもの。
少し時間をかけて丁寧に泡立てましょう。

1 卵白にひとつまみの塩を入れ、ハンドミキサーの中速で軽く泡立てます。泡立て器でも大丈夫。塩を入れることで卵白が泡立ちやすくなります。

2 卵白がこのくらい白っぽくなったらラカントSの半量を加え、ハンドミキサーの高速で真っ白な泡が立つまで混ぜます。泡立て器の場合は空気を含むように大きく混ぜて。

3 真っ白な泡が立ったら残りのラカントSを加え、きめ細かな泡になり角がピンと立つまで高速で混ぜます。

4 ツヤが出て、白くてきめ細やかな泡になったら完成です！仕上げに低速で10秒ほど泡立てるときめが整います。泡立てすぎると分離の原因になるので気をつけて。

✿ Point

メレンゲを作るまでに卵白を冷蔵庫で冷やしておくとさらに泡立てやすくなります。完成後は時間が経つと泡が消えてしまうので、作ったらすぐに使いましょう。

焼く前に空気を抜く

　丸型やパウンド型、シフォンケーキ型でケーキを焼く際は、焼く前に空気抜きをしましょう。生地を流し入れた型をテーブルの10cm上くらいの高さから軽く落とします。2〜3回行うと生地の中の気泡が抜けて綺麗に焼けます。表面のでこぼこが気になったらゴムベラでならしてください。

型と型紙を外すタイミングを確認する

　ケーキは焼き上がってから冷めるまでの間に縮んでしまうものがあります。型紙がついたままだと、縮んでいくときに型紙が引っ張られて形が崩れてしまうことも。この本では型や型紙を外すタイミングについてもそれぞれのレシピで書いてあるので、その通りにしてください。

　あまり縮んでいく心配がないものは粗熱が取れるまでそのままにしておいても構いません。粗熱が取れたら、型と型紙を外します。

　熱いうちに型から外すのが難しいものは、型紙と生地との間にナイフを入れておくだけでも形を綺麗に保つことができます。

クッキーなどは粗熱が取れたら
ケーキクーラーで冷ます

　クッキーやダックワーズなどは、焼けたら天板からケーキクーラーに移して冷まします（焼きたてが柔らかいものは少し冷まして粗熱が取れてから）。天板に置いたままにしておくと、クッキングシートと生地の間に水分が溜まってしまい、湿気の原因になることも。

粉類の入れ方、
おからパウダーについて

　この本のレシピでハンドミキサーを使う場合は、粉をふるう必要はありません。泡立て器を使う場合は、事前にフォークや泡立て器などで粉類のダマを潰しておくようにしてください。

　おからパウダーはどのメーカーのものでも大丈夫ですが、この本では粒子の細かい「微細」でないものを使用しています。「微細」でないものを使用するとずっしりとした食べ応えを楽しめます。「微細」を使用すると、滑らかな食感に仕上がります（p.74参照）。

この本のレシピのいくつかは動画で作り方を確認することができます。
チャンネルは随時更新されるのでぜひチェックしてみてください！

▶ 蓮理の夢見チャンネル　https://www.youtube.com/channel/UCf1kWpPmJwdEPGwOfgxSlPg/

型紙の敷き方

〈丸型〉

線の少し内側を切るのがポイント

1 クッキングシートの上に型を置き、ボールペンなどで底面の丸形をなぞる。線に合わせてはさみでクッキングシートをカットする。

2 クッキングシートを型の側面に合わせ、側面と同じ高さにカットする。

3 型に底面の型紙を敷き、側面の型紙を一周巻くように敷く。

Point

型紙を綺麗に敷いておくと、生地が型にくっついたりせず綺麗に焼き上がります。少し面倒でもきちんと型に合わせて、折り目などもしっかりとつけるのがポイントです。
マフィン型の場合はグラシンカップやアルミカップを敷くか、金型不要で使えるマフィンカップを使用しましょう。100均の製菓材料コーナーなどで購入できます。

〈パウンド型〉

1 クッキングシートを型の側面＋底面＋側面の長さに合わせてカットする。

側面の高さを合わせると生地が膨らんでも型が汚れずに済みます

2 型の底面に合わせて4辺にさっちりと折り目をつける。

3 側面の4ヶ所に切り込みを入れる。赤線の4ヶ所でも、青線の4ヶ所でもどちらでも大丈夫。

手持ちの型に合わせてやりやすいほうで

4 型に敷く。

ガトーショコラと
チーズケーキ

Gâteaux au chocolat & Cheesecakes

ケーキといえば、というくらい定番なこの2つ。私のショップ『夢見菓子』でも人気の商品です。お酒を使った大人味のものと、ノンアルコールの誰でも楽しめるものを用意しました。

ガトーショコラ

プレーンなガトーショコラのレシピ。甘さ控えめに仕上げました。
バターで作ると風味がよくなりますが、菜種油などに置き換えても作れます。

材料 (15cm丸型1台分)

A ┌ アーモンドパウダー ………… 20g
　└ ココア ……………………… 45g
ラカントS ……………………… 70g
バター ………………………… 40g
生クリーム …………………… 100g
卵 ……………………………… 2個
メレンゲ用の塩 ………… ひとつまみ

準備

・バターはレンジに10秒ずつかけ
　溶かしバターにする
・オーブンは170℃に予熱する
・ボウルにAを合わせて量っておく
・卵は卵黄と卵白に分ける
・型に型紙を敷く

作り方

1 ボウルに合わせたAとラカントSの半量を入れ、ハンドミキサーの電源をオフにしたまま均一になるよう軽く混ぜる。

2 溶かしバター、生クリーム、卵黄を加え、飛び散らないように低速で滑らかになるまで混ぜる。

3 ハンドミキサーを綺麗に洗ってしっかりと水気を拭く。別のボウルに卵白と塩を入れ、p.16を参考に残りのラカントSを加えてメレンゲを立てる。

水気が入らないように注意!

4 2に出来上がったメレンゲの1/3量を加え、ハンドミキサー低速で泡が見えなくなるまで混ぜる。

ここでは泡が潰れてもOK

5 ゴムベラに持ち替えて残りのメレンゲの半量を加え、泡を潰さないように切るように混ぜる。混ざったら残りのメレンゲを全て加え、同様に混ぜる。

6 生地を型に入れて表面をならす。

7 テーブルの10cm上くらいの高さから2〜3回落として空気を抜く。170℃のオーブンで35分焼く。

8 焼けたらそのまま冷まし、粗熱が取れたら型紙と型を外す。

🌸 Point.1

メレンゲを加えるときは、一度に加えないこと。生地が分離してしまう原因になります。
手順4ではまず生地にメレンゲをなじませることが大切なので、泡が潰れてしまっても気にしなくて大丈夫です。
手順5ではゴムベラに持ち替え、メレンゲの泡を潰さないように丁寧に混ぜましょう。

🌸 Point.2

溶かしバターの代わりに、油で代用することもできます。油はオリーブオイルなどクセのあるものは避け、米油、菜種油(キャノーラ油)、太白胡麻油などを使用しましょう。
バターを使用するよりも、ややあっさりとした味わいになります。

Gâteau au chocolat - dark rum

ダークラムの
ガトーショコラ

1/8カット
あたり

糖質 2.11g
148kcal

夢見菓子でも一番の人気商品を、作りやすいレシピにアレンジ。
ほんのりとラム酒が香る大人のガトーショコラです。
ラム酒の量や種類はお好みで調整してください。

材料（15cm丸型 1 台分）

A	アーモンドパウダー	20g
	ココア	45g
ラカント S		70g
バター		40g
生クリーム		90g
卵		2 個
メレンゲ用の塩		ひとつまみ
ラム酒		30g
（生地用大さじ 1 ＋仕上げ用大さじ 1）		

準備

・バターはレンジに10秒ずつかけ
　溶かしバターにする
・オーブンは170℃に予熱する
・ボウルに A を合わせて量っておく
・卵は卵黄と卵白に分ける
・型に型紙を敷く

作り方

1

ガトーショコラの手順 **1**、**2** まで同様に作り、ラ
ム酒大さじ 1 を加えてハンドミキサーの低速で滑
らかになるまで混ぜる。

2

手順 **3 ～ 7** も同様に作る。焼けたら刷毛で残りの
ラム酒大さじ 1 を塗る。そのまま冷まし、粗熱が
取れたら型紙と型を外す。

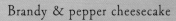
Brandy & pepper cheesecake

ブランデーと
ペッパーのチーズケーキ

ブランデーの豊かな風味をブラックペッパーでピリッと引き締めたチーズケーキ。
ついあとをひく美味しさです。白ワインにも合います。

1/8カット
あたり
糖質0.99g
105kcal

材料（15cm丸型1台分）

クリームチーズ	60g
ラカントS	50g
卵	2個
A ┌ 粉チーズ	20g
└ アーモンドパウダー	20g
生クリーム	50g
ブランデー	30g
（生地用大さじ1＋仕上げ用大さじ1）	
メレンゲ用の塩	ひとつまみ
ブラックペッパー	適量

準備

・オーブンは160℃に予熱する
・クリームチーズは常温に戻す
・卵は卵黄と卵白に分ける
・Aは同じ器に合わせて量っておく
・型に型紙を敷く
・湯煎用のお湯を沸かしておく

作り方

ハンドミキサーの低速〜中速で、クリームチーズを柔らかくなるまでしっかりと混ぜる。

ラカントSの半量を加えて中速でよく混ぜる。混ざったら卵黄を加え、白っぽく滑らかになるまで混ぜる。

Aを入れて中速でダマがなくなるまでしっかりと混ぜ、生クリームとブランデー大さじ1を加える。

生地が飛び散らないよう低速でそっと混ぜる。写真のように滑らかによくなじめば大丈夫。

ハンドミキサーを綺麗に洗ってしっかりと水気を拭く。別のボウルに卵白と塩を入れ、p.16を参考に残りのラカントSを加えてメレンゲを立てる。固く泡立ったら1/3量を4に加え、低速で泡が見えなくなるまで混ぜる。

ゴムベラに持ち替えて残りのメレンゲを2回に分けて加え、泡を潰さないように下からすくうように混ぜる。型に入れて表面をならしたら空気を抜き、ブラックペッパーをふる。

バットもしくは大きめの耐熱容器にお湯を2cmほど注ぐ。型を入れ湯煎にして160℃のオーブンで45分焼く。底が取れる型の場合はアルミホイルで型を包んで。

熱いうちに塗ると風味がいいです

焼けたらすぐに残りのブランデーを刷毛で塗る。焼きたては柔らかいのでやさしく塗ること。そのまま冷まし、粗熱が取れたら型紙と型を外す。

Cheese souffle

チーズスフレ

焼きたてのふわふわ感も、冷めてからのしっとり感も素敵なやさしいスフレ。
美しく焼き上がったときの感動をぜひ味わってください。

材料 (15cm丸型 1 台分)

クリームチーズ	100g
ラカント S	50g
卵	2個
アーモンドパウダー	20g
牛乳	30g
レモン汁	15g(大さじ1)
メレンゲ用の塩	ひとつまみ

準備

・オーブンは160℃に予熱する
・クリームチーズは常温に戻す
・卵は卵黄と卵白に分ける
・型に型紙を敷く
・湯煎用のお湯を沸かしておく

作り方

飛び散らないように注意

牛乳とレモン汁は
同時に加えないように！
分離してしまいます

1 ハンドミキサーの低速〜中速でクリームチーズを柔らかくなるまで混ぜ、ラカント S の半量を加えてよく混ぜる。

2 卵黄を加えて滑らかになるまで混ぜたらアーモンドパウダーを入れて低速で慎重になじませ、中速に変えて写真のように粉気がなくなるまで混ぜる。

3 牛乳を加えて低速でそっと混ぜ、混ざったらレモン汁を加えて低速のままよく混ぜる。

4 ハンドミキサーを綺麗に洗ってしっかりと水気を拭く。別のボウルに卵白と塩を入れ、p.16を参考に残りのラカント S を加えてメレンゲを立てる。固く泡立ったら1/3量を3に加え、低速で泡が見えなくなるまで混ぜる。

5 ゴムベラに持ち替えて残りのメレンゲを 2 回に分けて加え、泡を潰さないように下からすくうように混ぜる。混ざったら型に入れて空気を抜く。

お湯の深さは 2 cmくらい

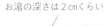

6 バットもしくは大きめの耐熱容器に型を入れお湯を注いで湯煎にし、160℃のオーブンで45分焼く（底が取れる型の場合はアルミホイルで型を包む）。焼けたらお湯から出して冷まし、粗熱が取れてからそっと型と型紙を外す。完全に冷めていれば綺麗に外れます。

Baked cheesecake

ベイクドチーズケーキ

スタンダードタイプのしっかりとしたチーズケーキ。
材料を混ぜていくだけの簡単なレシピです。飽きのこない味わいを目指しました。

材料（8×18×6cmパウンド型1本分）

クリームチーズ	150g
ラカントS	50g
卵	1個
A アーモンドパウダー	20g
A ベーキングパウダー	4g（小さじ1）
生クリーム	100g
レモン汁	5g（小さじ1）

準備

・オーブンは180℃に予熱する
・クリームチーズは常温に戻す
・Aは同じ器に合わせて量っておく
・型に型紙を敷く

作り方

泡立て器でもOK

1 ハンドミキサーの低速〜中速でクリームチーズを柔らかくなるまで混ぜ、ラカントSを加えてクリーム状になるまでしっかりと混ぜる。

泡立て器の場合は
粉のダマを潰してから入れる

2 卵を加え滑らかになるまで混ぜたらAを入れ、粉っぽさがなくなるまで低速〜中速でよく混ぜる。

3 生クリームを加えてゴムベラでよく混ぜ、滑らかになったらレモン汁を加えて混ぜる。生クリームとレモン汁は同時に加えると分離するので気をつけて。

ぐるぐると回す感じで大丈夫

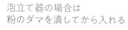

4 型に入れて空気を抜き、180℃のオーブンで30分焼く。焼けたらすぐに側面の型紙と生地の間にナイフを入れて一周し、そのまま冷ます。縮みやすい生地なので手早く作業して。

ナイフを入れておけば型紙と
型を外すのは冷めてからでOK

パウンドケーキと
ケークサレ

Pound cakes & Cakes salés

ボウルにどんどん材料を入れて
混ぜていくだけの気軽なケーキ。
焼きっぱなしでおやつにも、手
土産にも。

Banana bread

バナナブレッド

糖質の高いバナナを使用していますが、おからとアーモンドパウダーで糖質オフ。
ラム酒とシナモンの風味はお好みで。

材料（8×18×6cmパウンド型1本分）

バナナ ················ 皮なしで100g（大きめ1本）
ラカントS ·· 25g
卵 ··· 2個
油 ·· 12g（大さじ1）
A
　おから ··· 25g
　　※おからパウダーの場合はパウダー5
　　gを水20gで戻す
　アーモンドパウダー ·························· 25g
　シナモン ······························· 4g（小さじ2）
　　※お好みで、なくてもOK
　ベーキングパウダー ·············· 4g（小さじ1）
クルミ ··· 30g
ラム酒 ··································· 15g（大さじ1）
　※お好みで、なくてもOK

準備

・オーブンは180℃に予熱する
・Aは同じ器に合わせて量っておく
・クルミは細かく砕く
・型に型紙を敷く

作り方

1

ボウルに皮をむい
たバナナを入れ、
ハンドミキサーで
潰す。潰し加減は
お好みで。

泡立て器でもOK

2

ラカントSを入れ
て混ぜる。

3 卵と油を入れ、ハンドミキサーの低速〜中速でよく混ぜる。写真くらい混ざればOK。

4 Aを入れて粉気がなくなるまで混ぜる。泡立て器の場合は入れる前に粉のダマを潰しておく。

5 砕いたクルミとラム酒を加えて軽く混ぜる。

6 型に入れて空気を抜き、180℃のオーブンで35分焼く。

7 竹串やつまようじをさして生地がついてこなければ焼き上がり。柔らかい生地なので型に入れたまま冷まし、粗熱が取れてから型紙と型を外す。

このレシピは動画で作り方を確認できます！
▶YouTube「夢見レシピ」で検索

❀ Point

アーモンドパウダーとおからの配合は変えてもいいですし、どちらか1種類だけでも作れます。アーモンドパウダー50gで作ると香ばしくふわっとした仕上がりに（糖質4.11g／116kcal）、おから50gで作ると水分が多めで柔らかい食感に仕上がります（糖質3.58g／84kcal）。

Carrot cake

キャロットケーキ

1/8カット
あたり
糖質 2.15g
122kcal

ケーキ自体は素朴ですが、フロストと合わせることで華やかな味になります。
チーズは低糖質の味方なので、罪悪感を持たずにたっぷりと塗ってみて。

材料（8×18×6㎝パウンド型1本分）

人参 ──────────── 100g（中1/2本程度）

A
- おから ──────────────── 25g
  - ※おからパウダーの場合は
    パウダー5gを水20gで戻す
- アーモンドパウダー ──────── 25g
- ラカントS ──────────────── 50g
- シナモン ──── 4g（小さじ2）※お好みで
- ベーキングパウダー ──── 4g（小さじ1）

卵 ──────────────────────── 2個
油 ──────────────────────── 30g
クルミ ────────────────────── 15g

フロスト

クリームチーズ ──────────────── 70g
ラカントS ────────────────── 25g
レモン汁 ──────────── 5g（小さじ1）

準備

- オーブンは180℃に予熱する
- ボウルにAを合わせて量っておく
- クルミは細かく砕く
- クリームチーズは常温に戻す
- 型に型紙を敷く

🌰 Point

おからとアーモンドパウダーの配合
は変えても大丈夫。どちらかだけで
も作れます。アーモンドパウダー
50gだとふわっとリッチな味わい
（糖質2.42g／139kcal）に、おから
50gだと柔らかい食感（糖質1.89g
／106kcal）に仕上がります。

作り方

1

人参は皮をむいてすりお
ろす。最後まですりおろ
すのが大変なときはみじ
ん切りにすれば大丈夫。

泡立て器でも
ハンドミキサーでもOK

2

ボウルにAを入れて混ぜ
合わせ、そぼろ状になっ
たら卵と油を加えてよく
混ぜる。

3

1の人参と砕いたクルミ
を加えて軽く混ぜ、型に
入れて空気を抜く。

4

180℃のオーブンで35
分焼き、焼けたらそのま
ま冷ます。型紙と型は粗
熱が取れてから外す。

スプーンでも泡立て器でもOK

5

冷ましている間に、フロ
ストの材料を全て混ぜ合
わせる。クリームチーズ
が固い場合はレンジで
10秒ずつ柔らかくなる
まで温めて。

完全に冷めたら5のフロ
ストを上に塗る。パレッ
トナイフなど平らなもの
で塗ると綺麗に塗れる。
仕上げにナッツやピスタ
チオなどをかけてもオシ
ャレ！

Gingerbread
ジンジャーブレッド

チューブの生姜でも作れますが、できればぜひ生の生姜を使ってみてください。
風味が格段によくなります。

材料（8×18×6cmパウンド型1本分）

バター	70g
ラカントS	60g
豆腐	75g
卵	2個
生姜	10g（1かけもしくはチューブ小さじ2）

A
アーモンドパウダー	60g
ベーキングパウダー	4g（小さじ1）
シナモン	2g（小さじ1）
ほか、クローブやナツメグなどお好みのスパイス	適量

準備

・オーブンは180℃に予熱する
・バターは常温に戻す
・Aは同じ器に合わせて量っておく
・型に型紙を敷く

作り方

1
泡立て器でもOK

ハンドミキサーの低速〜中速でバターを柔らかくなるまで混ぜ、ラカントSを加えてしっかりと混ぜる。

2

豆腐を加え、低速〜中速で滑らかになるまで混ぜる。

3
多少分離しても気にしなくて大丈夫

卵を入れ、引き続き混ぜる。

4
皮ごとすりおろしてOK

生姜をすりおろして汁ごと（チューブならそのまま）加えて混ぜ、合わせたAを入れて粉っぽさがなくなるまで混ぜる。

5

型に入れて空気を抜き、180℃のオーブンで35分焼く。焼けたらすぐに側面の型紙と生地の間にナイフを入れて一周させ、そのまま冷ます。焼きたては柔らかいので、粗熱が取れてから型紙と型を外す。

🌸 Point

スパイスはぜひお好きなものを！
複数入れると風味が増します。私はシナモン小さじ1、クローブとナツメグを小さじ1/2ずつブレンドするのがお気に入りです。

スモークサーモンと
クリームチーズのケークサレ

**間違いない組み合わせ！ 子どもから大人まで喜ばれる味で、
ワインにも合うちょっと自慢の一品です。**

材料（8×18×6cmパウンド型1本分）

油	50g
豆腐	75g
卵	2個

A
- アーモンドパウダー……30g
- 塩………適量（2,3つまみ程度）
- ベーキングパウダー
  ………4g(小さじ1)

B
- ブロッコリー……60g
- スモークサーモン……30g
- クリームチーズ……30g

ブラックペッパー……お好みの量

準備

・オーブンは180℃に予熱する
・Aは同じ器に合わせて量っておく
・型に型紙を敷く

作り方

1

ブロッコリーとスモークサーモンを一口大からやや小さめくらいに切る。あまり気にせず好みの大きさで大丈夫。クリームチーズは量ったら使うまで冷蔵庫に入れておく。

多少粒が残っていてもOK

2

ボウルに油と豆腐を入れ、ハンドミキサーの低速〜中速か泡立て器でぐるぐるとよく混ぜる。

3

卵を加えてしっかりと混ぜ、滑らかになったらAを加えて粉っぽさがなくなるまで混ぜる。

クリームチーズは
1cm角程度にちぎり入れる

4

Bの材料を入れて軽く混ぜ、型に入れて空気を抜く。

5

表面にブラックペッパーをふり、180℃のオーブンで40分焼く。粗熱が取れたら型から外して冷ます。

熱いうちに食べても
美味しい！

37

Cake salé - tuna & olives

ツナとオリーブの
ケークサレ

1/8カット
あたり
糖質1.21g
112kcal

ツナ缶の旨味があふれるジューシーな生地にオリーブのアクセント。
塩を控えめにすれば小さなお子さまもパクパク食べられます。

材料（8×18×6cmパウンド型1本分）

油	20g
卵	2個
豆腐	75g

A
┌ アーモンドパウダー　30g
│ 粉チーズ　20g
│ 塩　適量（2,3つまみ程度）
│ ベーキングパウダー
└　　　4g（小さじ1）

B
┌ オリーブ（種なし）
│　　　30g（約10粒前後）
│ パプリカ　50g（約1/2個）
│ ツナ（油ごと使用）
└　　　70g入り1缶

ブラックペッパー　お好みの量

準備

・オーブンは180℃に予熱する
・Aは同じ器に合わせて量っておく
・型に型紙を敷く

作り方

スモークサーモンとクリームチーズのケークサレ
の手順2、3と同様に作り、手順4でスライスし
たオリーブ、2〜3cm角くらいに切ったパプリカ、
ツナ缶を油ごと入れる。手順5も同様に作る。

🍇 Point

様々な具材を入れてアレンジできるのがケークサレの楽しいところ。ぜひ、
自分だけの組み合わせを見つけてみてください。
肉や魚、チーズは基本的に低糖質ですが、野菜は糖質が高いものがあるの
で要注意。糖質の低いブロッコリー、ほうれん草、アスパラガスなどがお
すすめです。味が物足りないと感じたら、塩、ブラックペッパー、粉チー
ズなどで調整を。

フルーツと
ナッツ、
野菜のケーキ

Fruit cakes, nut cakes,
& vegetable cakes

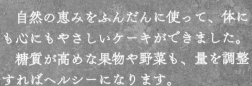

自然の恵みをふんだんに使って、体に
も心にもやさしいケーキができました。
糖質が高めな果物や野菜も、量を調整
すればヘルシーになります。

Strawberry tart

ストロベリータルト

見るだけで幸せになってしまうくらい、
いちごって本当にかわいいと思いませんか？
春になると必ず作りたくなるタルトです。

材料（15cm丸型1台分）

バター	50g
ラカントS	35g
卵	1個
アーモンドパウダー	60g
いちご	70g（普通サイズ約5個）

準備

・オーブンは180℃に予熱する
・バターは常温に戻す
・いちごはヘタを取り洗って水気を拭く
・型に型紙を敷く

作り方

泡立て器でもOK

1 柔らかくしたバターをハンドミキサーの低速〜中速で混ぜ、ラカントSを加えてよく混ぜる。

分離しないように

2 卵を加えてなじむまで混ぜる。卵が泡立たないように注意。

粉気がなくなるまで

3 アーモンドパウダーを加え、粉が飛ばないよう低速でしっかりと混ぜる。

4 型に生地を入れてゴムベラで平らにならす。固めの生地なのできちんとならして。

5 いちごを等間隔に並べ、180℃のオーブンで30分焼く。焼けたら型のまま冷まし、粗熱が取れたら型と型紙を外す。

❀ Point

いちごは軽く埋めるように並べてください。焼いたときにいちごの水分が表面に染み出さず綺麗に仕上がります。

3 kinds of nuts tart

3種のナッツタルト

さくらんぼを蒸留して作ったキルシュというお酒を使うタルト。
ほんのり香るさくらんぼが3種のナッツの美味しさを引き立てます。

材料（15cm丸型1台分）

卵 1個

ココアタルト生地

クリームチーズ 10g

ラカントS .... 4g（小さじ1）

A ┌ ココナッツファイン 30g
　└ ココア .... 6g（大さじ1）

アーモンドクリーム

バター 30g

ラカントS 30g

アーモンドパウダー 35g

キルシュ .... 15g（大さじ1）

トッピング

クルミ 30g

アーモンドスライス .... 5g（約大さじ1）

準備

・オーブンは180℃に予熱する

・クリームチーズとバターは常温に戻す

・卵1個は溶いて大さじ1をココアタルト生地
　用に取り分ける

・クルミは細かく砕く

・型に型紙を敷く

作り方　泡立て器でもハンドミキサーでもOK

1 ココアタルト生地
を作る。クリーム
チーズとラカント
S小さじ1を混ぜ、
卵大さじ1を加え
てさらに混ぜる。

2 Aを加えて、ボロ
ボロとした塊にな
るまで混ぜる。

🌰 Point

アーモンドスライスは個体差があり、同じグラムでも大き
さが異なることがあるので、量はあくまでも目安にしてく
ださい。生地の周りを一周飾れるくらいあれば大丈夫です。

3 アーモンドクリームを作る。別のボウルにバターを入れて混ぜ、ラカントSを加えてよく混ぜる。

4 ココアタルト生地に使った卵の残りを加えて混ぜたら、アーモンドパウダーとキルシュを加え粉気がなくなるまでよく混ぜる。

泡立て器でも
ハンドミキサーでもOK

5 丸型の底に2のココアタルト生地を敷きつめ、ラップを使って強く押し付けるようにしながら平らにする。

6 5の上に4のアーモンドクリームを流し入れ、ゴムベラで表面を平らにならす。

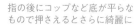

指の後にコップなど底が平らな
もので押さえるとさらに綺麗に

7 アーモンドスライスを生地のふちに沿って並べ、真ん中に砕いたクルミを散らす。

8 180℃のオーブンで30分焼く。粗熱が取れたら型と型紙を外して冷蔵庫でしっかりと冷やしてからカットする。

🌹 Point

焼きたても美味しいですが、綺麗にカットしたいときは6時間以上冷やしてからがおすすめです。崩れやすい生地なので、しっかりと冷えていない状態でカットするとアーモンドスライスやクルミがボロボロと落ちてしまう場合があります。

Sweet pumpkin cake

スイートパンプキン

やさしい甘さはまるでかぼちゃそのもの！
おからを使ってもしっとりと滑らかな舌触りになる、ギリギリの加減を目指しました。
もう一切れ……と、つい手が伸びてしまいます。

材料（15cm丸型1台分）

かぼちゃ ……………………………………
　皮付き種を取った状態で190g（約1/6個）
バターもしくは油 …………… 12g（大さじ1）
ラカントS ………………………………… 50g
卵 ……………………………………………… 1個
A［おから …………………………………… 50g
　※おからパウダーの場合はパウダー
　　10gを水40gで戻す
　ベーキングパウダー ……… 4g（小さじ1）
牛乳 ………………………………………… 80g

準備

・オーブンは180℃に予熱する
・Aは同じ器に合わせて量っておく
・型に型紙を敷く

作り方

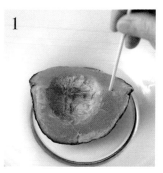

1 かぼちゃは洗って種をとり、ラップをして600Wの電子レンジで3〜5分加熱する。箸や竹串がスッと通るほど柔らかくなればOK。

泡立て器やフォークで潰してもOK

2 ボウルにかぼちゃを入れ、ハンドミキサーの低速で潰しながら混ぜる。かぼちゃの塊は残っていても大丈夫。

🌸 Point

かぼちゃの皮には栄養がたっぷり含まれているので、ぜひそのまま使ってください。加熱時間は電子レンジの機種やかぼちゃの個体によっても変わるので、様子を見ながら調節して。かぼちゃの種類によっては皮の色が強く出ることもありますが、味には変わりありません。

3 温かいうちにバターもしくは油を入れて混ぜる。

泡立て器でもOK

4 ラカントSを加えて低速〜中速で軽く混ぜ、卵を加えて写真のように全体がなじむまで混ぜる。

5 Aを加え、低速〜中速で粉気がなくなるまで混ぜる。

6 牛乳を加えて混ぜる。もともとかなり柔らかい生地なので多少水っぽくても安心して。

焼き上がりにかぼちゃの種やアーモンドを散らしても

7 型に入れて空気を抜き、表面をならす。180℃のオーブンで30分焼き、焼けたらそのまま冷ます。冷めたら型と型紙を外す。

🌼 Point

バターを使うと風味が出てリッチな味わいになりますが、菜種油などのクセのない油にしても構いません。また、油を入れなくても作れます。その場合はよりあっさりとした風味になります。

Apple & almond cake

アップルアーモンドケーキ

みずみずしいりんごを焼き込んでしっとりと。
おもてなしにも喜ばれるケーキです。

1/8カット
あたり

糖質2.84g
115kcal

材料 (15cm丸型1台分)

りんご……………………皮なしで90g(約1/2個)
レモン汁……………………………15g(大さじ1)

A ┌ バター…………………………………30g
　└ クリームチーズ……………………50g

ラカントS……………………………………50g
卵………………………………………………2個

B ┌ アーモンドパウダー…………………50g
　└ ベーキングパウダー………4g(小さじ1)

アーモンドスライス…………5g(約大さじ1)
　※お好みで、なくてもOK

準備

・オーブンは180℃に予熱する
・Aをボウルに量り入れ、常温に戻しておく
・Bは同じ器に合わせて量っておく
・型に型紙を敷く

作り方

1

りんごは皮をむいて1cm角に切り、レモン汁をかけておく。小さめに切ったほうが生地とよくなじんでしっとり仕上がります。

よくなじむまでぐるぐると

2

柔らかくしたAを、クリーム状になるまでハンドミキサーの低速〜中速で混ぜる。泡立て器でもOK。

3

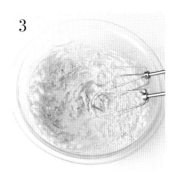

ラカントSを加えてさらによく混ぜる。

卵が泡立たないように注意

4

卵を加えて中速で混ぜる。分離せず全体が滑らかになるくらいまで。

5

合わせたBを加えて飛び散らないよう低速でそっと混ぜ、粉気がなくなるまで混ぜる。

型と型紙は冷めてから外す

6

りんごを加えて軽く混ぜて型に流し込み、表面をならして空気を抜く。好みでアーモンドスライスをのせ、180℃のオーブンで35分焼く。

Almond chiffon cake

アーモンドシフォン

小麦粉の代わりにアーモンドパウダーを使ったシフォンケーキ。
メレンゲを立てるのは大変ですが、
ふわふわの焼き上がりに疲れも吹き飛んでしまいます。

材料（17cmシフォンケーキ型1台分）

A ┌ アーモンドパウダー ………………… 70g
　 └ ベーキングパウダー ……… 4g(小さじ1)
ラカントS ………………………………… 50g
油 …………………………………………… 30g
牛乳 ………………………………………… 30g
卵 …………………………………………… 3個
メレンゲ用の塩 ……………………… ひとつまみ

準備

・オーブンは170℃に予熱する
・ボウルにAを合わせて量っておく
・卵は卵黄と卵白に分ける
・卵白は使うまで冷蔵庫に入れておく

作り方

1

底面や側面には
何も敷かないで

シフォン型は芯にだけクッキングシートを巻きつける。こうすると型外しが楽になります。

2

ハンドミキサーの電源は
オフのままで

Aを合わせたボウルにラカントSの半量を入れ、均一になるよう軽く混ぜる。

3

このくらいまとまるまで

2の中心に油と牛乳を加え、低速～中速で内側からそっと全体をなじませるように混ぜる。

4

これが乳化した状態

卵黄を加えたら中速に変えて写真のように白っぽくもったりするまでしっかりと混ぜる。

5

メレンゲの泡が
見えなくなるまで混ぜる

ハンドミキサーを綺麗に洗ってしっかりと水気を拭く。別のボウルに卵白と塩を入れ、p.16を参考に残りのラカントSを加えてメレンゲを立てる。固く泡立ったら1/3量を4に加え、低速で混ぜる。

6

泡を潰さないように注意！

残りのメレンゲを2回に分けて加え、都度ゴムベラで下からすくうように手早く混ぜる。

7

型に生地を入れて空気を抜き、ゴムベラなどで表面を平らにならす。このとき、生地に竹串をさして10周くらい回すと気泡が抜けてきめ細かく焼き上がる。

8

型の外し方は
p.52のポイント参照

170℃のオーブンで40分焼く。焼けたら型ごとひっくり返して瓶などにさし、冷めるまで置いておく。完全に冷めたら型と生地の間にナイフを入れて型を外す。

Cinnamon chiffon cake

シナモンシフォン

アーモンドシフォンの材料にシナモンを加えて。
シナモンを粉と合わせずメレンゲと一緒に加えるのがポイントです。

材料 (17cmシフォンケーキ型1台分)

A ┌ アーモンドパウダー 60g
  │ ベーキングパウダー
  └ .... 4g(小さじ1)
ラカントS 50g
油 30g
牛乳 30g
卵 3個
メレンゲ用の塩 .... ひとつまみ
シナモン .... 12g(大さじ2)

準備

・オーブンは170℃に予熱する
・ボウルにAを合わせて量っておく
・卵は卵黄と卵白に分ける
・卵白は使うまで冷蔵庫に入れておく

作り方

こんなふうに混ざればOK

アーモンドシフォンの手順1〜4まで同様
に作り、5でメレンゲ1/3量と一緒にシナ
モンを加えてハンドミキサーで混ぜ合わせ
る。6以降も同様に作る。

Point

シフォンケーキを外
すときは、シフォン
ナイフがあると便利
ですが、ペティナイ
フや小さめの果物ナ
イフなどでも代用で
きます。外すときは
慎重に。

シフォンケーキ型の外し方

1

シフォンケーキはふわふわで崩
れやすいので、型から外すのは
できれば3、4時間〜1日おいて
完全に冷めてからが理想です。
側面にゆっくりとナイフを入れ、
上下に小刻みに動かしながら一
周し、側面をそっと外します。

2

3

底面にナイフを入れてぐるりと一周したら、芯に巻い
たクッキングシートを引っ張るように取り外し、ひっ
くり返して完成。ラカントSの性質上、焼けた表面が
割れやすくなっているので慎重にやりましょう。

甘いクッキー
甘くないクッキー

Sweet cookies & Unsweetened cookies

甘さ控えめで何枚でも食べ
られてしまう自慢のクッキー
たち。食べすぎにはご用心。

Cocoa cookies

ココアクッキー

サクサクと軽くビターな味わいで、夢見菓子でも人気の品を
作りやすいようにアレンジ。
コーヒーにもミルクにも、紅茶にも合います。

1枚
あたり
糖質 0.38g
25kcal

材料（直径4cm丸型30枚分）

バター	30g
ラカントS	40g
卵黄	1個分（約20g）
A ［アーモンドパウダー	60g
［ココア	20g
グランマルニエ（あれば）	5g（小さじ1）

準備

・バターは常温に戻す
・Aは同じ器に合わせて量っておく
・天板にクッキングシートを敷く

作り方

ハンドミキサーでも
泡立て器でもよい

1

バターを柔らかく練るように混ぜ、ラカントSを加えてしっかりと混ぜる。

2

卵黄を加え、写真のようにバターとラカントSがなじむまでしっかりと混ぜる。

ボロボロの状態でOK

3

Aを加え、小さな塊がたくさんできるまで混ぜる。粉はふるわなくても大丈夫。

めん棒などで押すと
まとまりやすくなります

4

グランマルニエを加えて混ぜ、ラップで包んでひとまとめにし冷蔵庫で30分間休ませる。頃合いを見てオーブンを180℃に予熱する。

ラップで生地を挟んで
めん棒で伸ばすと型抜きしやすい

5

生地を3mmの厚さに伸ばし、型を抜いて天板に並べ、180℃のオーブンで7分焼く。焼けたら少し待ち、触れるくらいになったら天板からケーキクーラーに移して冷ます。

❀ Point

お酒はラム酒やブランデーなどお好みの蒸留酒でも大丈夫。なければ入れなくても構いません。生地を3mmに伸ばすときは、写真のようなルーラーを2本用意して両端に置くと均一に伸ばせます。製菓材料店やネット通販で購入できます。

Coconut cookies

ココナッツクッキー

ココナッツの風味と食感がほかにない美味しさ。
噛みしめるほど幸せになる味です。

Spice cookies

スパイスクッキー

スパイスはぜひブレンドして入れてみて。
奥深く素敵な味わいになります。

材料（直径4cm丸型30枚分）

A	アーモンドパウダー	50g
	ココナッツパウダー	20g
	ラカントS	25g

卵黄 ………………… 1個分（約20g）
油 ………………………………… 30g
※あればココナッツオイルがおすすめ

準備

・オーブンは180℃に予熱する
・Aはボウルに合わせて量り入れる
・天板にクッキングシートを敷く

作り方

1

ボウルに入れたAを泡立て器で混ぜる。ダマがあったら潰しておく。

泡立て器でも
ゴムベラやスプーンでも

2

真ん中にくぼみを作り卵黄と油を入れ、卵黄と油が混ざるように中心から全体を混ぜる。

このくらいになったら
まとめる

3

混ざってボロボロの状態になったらラップでひとまとめにし、3mmの厚さに伸ばして型で抜く。冷やすと生地が扱いにくくなるので冷やさないように。

焼きたては
とても柔らかいので注意！

4

180℃のオーブンで7分焼く。焼けたら天板にのせたまま冷まし、粗熱が取れてからケーキクーラーに移す。

材料（直径4cm丸型30枚分）

A	アーモンドパウダー	60g
	シナモンなどお好みのスパイス	4g（約小さじ2）
	ラカントS	30g

卵黄 ………………… 1個分（約20g）
油 ………………………………… 30g

準備

・オーブンは180℃に予熱する
・Aはボウルに合わせて量り入れる
・天板にクッキングシートを敷く

作り方

Point

クッキーは薄く色づくくらいの焼き上がりがベスト。焼き加減を見て足りない場合は少し長めに焼いてください。

ココナッツクッキーの手順1〜4と同様に作る。スパイスはお好みで。複数使うと風味がよくなります。私はシナモン、ナツメグ、カルダモン、ジンジャーを小さじ1/2ずつブレンドするのがお気に入り。

Cheese & pepper cookies

チーズペッパークッキー

甘くないクッキーってあるとなぜだか嬉しくなります。
おやつや軽食に、お酒のおともにも。

材料 (直径4cm丸型26枚分)

バター	30g
卵	20g(1/2個弱)
A アーモンドパウダー	65g
粉チーズ	10g
塩	適量(2,3つまみ程度)
ブラックペッパー	お好み量~3g程度

準備

・バターは常温に戻す
・Aは同じ器に合わせて量っておく
・天板にクッキングシートを敷く

作り方

泡立て器が混ぜやすい

1 柔らかくしたバターを混ぜ、卵を加えてよく混ぜる。

2 Aを加え、写真のように粉気がなくなるまでよく混ぜる。粉はふるわなくてOK。

押し付けるようにしてよくまとめて

3 ラップかビニール袋に入れてギュッと固めて伸ばし、冷蔵庫で1時間休ませる。頃合いを見てオーブンを180℃に予熱する。

ラップを敷いて型を抜き、ラップごしに押し出すと綺麗に取れます

4 生地を3mmの厚さに伸ばして型を抜き、天板に並べて180℃のオーブンで7分焼く。

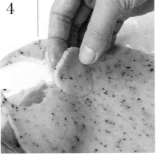

5 焼けたら少し待ち、触れるくらいになったら天板からケーキクーラーに移して冷ます。

🌸 Point

型を抜くとき、生地が柔らかく扱いづらくなってしまったらもう一度冷蔵庫で冷やして。生地を伸ばすときはルーラー(p.55参照)があると便利です。

Walnut rock cookies
クルミのロッククッキー

混ぜていくだけで簡単に出来上がるけど、
食べるのもあっという間。サクサクとおなかの中に消えてしまいます。

材料 (直径4〜5cmのもの15個分)

バター	20g
ラカントS	20g
A アーモンドパウダー	50g
ベーキングパウダー	4g(小さじ1)
牛乳	15g(大さじ1)
クルミ	30g

準備

・オーブンは180℃に予熱する
・バターは常温に戻す
・Aは同じ器に合わせて量っておく
・天板にクッキングシートを敷く

🌿 Point

軽くておやつにぴったりなクッキーですが、チーズをのせて焼くと甘じょっぱくて美味しい大人のクッキーになります。カマンベールチーズやプロセスチーズなど、お好みのチーズを1cmくらいに刻んでのせて焼いてみてください。中はふんわり、外はサクサクの面白い食感になります。

作り方

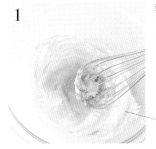

1 柔らかくしたバターを混ぜ、ラカントSを加えてなじむまでよく混ぜる。

混ぜすぎ？と思うくらいしっかり混ぜて

2 Aを加えて混ぜ、そぼろ状になってきたら牛乳を加えてまとまるまで混ぜる。

3 クルミを砕きながら加えてゴムベラまたはスプーンで混ぜる。

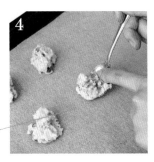

4 天板にティースプーンですくった生地を15等分になるように置き、180℃のオーブンで12分焼く。天板にのせたまま冷まし、粗熱が取れたらケーキクーラーに移す。

焼くと広がるので
2cmずつ間隔をあけて

Almond balls
アーモンドボール

1個
あたり
糖質 0.44g
42kcal

ホロっと崩れるやさしいくちどけ。
塩を気持ち強めにきかせるのがポイントです。

材料（直径3〜4cmのボーロ型20個分）

バター ……………………………………… 50g
ラカントS ……………………………………… 15g
塩 ………………………… 適量（2,3つまみ程度）
アーモンドパウダー ……………………………… 80g

準備

・オーブンは170℃に予熱する
・バターは常温に戻す
・天板にクッキングシートを敷く

作り方

常温に戻したバターを柔らかく混ぜ、ラカントSと塩を加えてなじむまでよく混ぜる。

アーモンドパウダーを加えてひとまとまりになるまで混ぜる。生地が柔らかすぎる場合は冷蔵庫で少し冷やす。

ティースプーンですくって2〜3cm程度のボーロ型に丸める。合計20個作る。

170℃のオーブンで15分焼く。焼けたら少し待ち、触れるくらいになったら天板からケーキクーラーに移して冷ます。

🍇 Point

手順1〜2はフードプロセッサーに全ての材料を投入して混ぜるだけでもできます。その場合、バターは1cm角に切ってよく冷やしたものを使ってください。

このレシピは動画で作り方を確認できます！
▶YouTube「夢見レシピ」で検索

冷たい焼き菓子
温かい焼き菓子
Cold baked sweets & Warm baked sweets

意外かもしれませんが、冷たいテリーヌも湯煎焼きで作る焼き菓子です。低糖質とは思えない濃厚な味わいが絶品！スフレはぜひ焼きたてを召し上がれ。

Point

チーズテリーヌは豆腐なし
でクリームチーズを150g
に変更しても作れます。そ
の場合は糖質1.38g／114
kcalになります。食感は固
めになります。

1/8カット
あたり
糖質1.30g
98kcal

Cheese terrine

チーズテリーヌ

舌の上でねっとりと溶ける食感がやみつきに。
記念日のデザートや、おもてなしにも喜んでもらえそう。

材料（8×18×6cmパウンド型1本分）

クリームチーズ	100g
豆腐	50g
※クリームチーズ150gでも可	
ラカントS	60g
卵	1個
アーモンドパウダー	20g
生クリーム	60g
レモン汁	15g(大さじ1)

準備

・オーブンは160℃に予熱する
・クリームチーズは常温に戻す
・型に型紙を敷く
・湯煎用のお湯を沸かしておく

作り方

分離しないよう念入りに！

泡立てると気泡ができてしまうのでゴムベラを使って

1 クリームチーズと豆腐をハンドミキサーの低速～中速で滑らかになるまでしっかりと混ぜる。

2 ラカントSを加えてなじむまで混ぜ、卵を加えてしっかりと混ぜる。

3 アーモンドパウダーを加えて粉が飛ばないよう低速でそっと混ぜ、なじんだら低速～中速で滑らかになるまで混ぜる。

4 生クリームを加え、ゴムベラで滑らかに混ぜる。

気泡が多い場合は竹串をさして10周くらい回す

5 混ざったらレモン汁も加えて混ぜる。写真のように、かなりトロッとした生地になる。

6 型に生地を流し入れ、空気を抜く。型より一回り大きな耐熱容器に型を入れ2cmほどお湯を注ぎ、湯煎にする。

7 160℃のオーブンで40分焼き、焼き上がったら湯煎から外して冷ます。冷蔵庫で一晩冷やし固めて出来上がり。

❀ Point

テリーヌは焼き色はほとんどつきません。とても柔らかい焼き上がりなのでしっかりと冷やしてから食べてください。

1/8カット
あたり
糖質1.49g
105kcal

Chocolate terrine
チョコレートテリーヌ

チョコレートを使っていないとは思えないほどコクのある味わい。
チョコ好きの方にはたまらないはず。

材料（8×18×6cmパウンド型1本分）

クリームチーズ ‥‥‥‥‥‥‥‥‥‥‥ 100g
豆腐 ‥‥‥‥‥‥‥‥‥‥‥‥‥‥‥‥‥ 50g
　※クリームチーズ150gでも可
ラカントS ‥‥‥‥‥‥‥‥‥‥‥‥‥ 60g
卵 ‥‥‥‥‥‥‥‥‥‥‥‥‥‥‥‥‥ 1個
A ［ アーモンドパウダー ‥‥‥‥‥‥ 20g
　　 ココア ‥‥‥‥‥‥‥‥‥‥‥‥ 15g
生クリーム ‥‥‥‥‥‥‥‥‥‥‥‥ 60g

準備

・オーブンは160℃に予熱する
・クリームチーズは常温に戻す
・Aは同じ器に合わせて量っておく
・型に型紙を敷く
・湯煎用のお湯を沸かしておく

作り方

ココアが十分に混ざるまで

チーズテリーヌの手順**1**、**2**まで同様に作り、Aを加えて粉が飛ばないよう低速でそっと混ぜ、なじんだら低速～中速で滑らかになるまで混ぜる。生クリームを加えてゴムベラで滑らかに混ぜたら、手順**6**以降も同様に作る。

※豆腐を使わずクリームチーズ150gに変更した場合は
　糖質1.56g／121kcalになります

1/8カット
あたり
糖質1.15g
101kcal

Matcha terrine
抹茶テリーヌ

出来上がったときに思わず「美味しい！」と自画自賛してしまったレシピ。
一口含むと濃厚な抹茶の風味が広がり、笑みがこぼれます。

材料（8×18×6cmパウンド型1本分）

クリームチーズ ‥‥‥‥‥‥‥‥‥‥‥ 100g
豆腐 ‥‥‥‥‥‥‥‥‥‥‥‥‥‥‥‥‥ 50g
　※クリームチーズ150gでも可
ラカントS ‥‥‥‥‥‥‥‥‥‥‥‥‥ 60g
卵 ‥‥‥‥‥‥‥‥‥‥‥‥‥‥‥‥‥ 1個
A ［ アーモンドパウダー ‥‥‥‥‥‥ 20g
　　 抹茶 ‥‥‥‥‥‥‥‥‥‥‥‥‥ 10g
生クリーム ‥‥‥‥‥‥‥‥‥‥‥‥ 60g

準備

・オーブンは160℃に予熱する
・クリームチーズは常温に戻す
・Aは同じ器に合わせて量っておく
・型に型紙を敷く
・湯煎用のお湯を沸かしておく

作り方

抹茶の粒が目立たなくなるまでしっかりと

チーズテリーヌの手順**1**、**2**まで同様に作り、Aを加えて粉が飛ばないよう低速でそっと混ぜ、なじんだら低速～中速で滑らかになるまで混ぜる。生クリームを加えてゴムベラで滑らかに混ぜたら、手順**6**以降も同様に作る。

※豆腐を使わずクリームチーズ150gに変更した場合は
　糖質1.23g／117kcalになります

Yogurt souffle

ヨーグルトスフレ

焼きたてのふんわり膨らんだスフレを見たときの嬉しさといったら！
あつあつをふうふう言いながら食べるのがおすすめですが、
冷やしてデザートにしても。

材料 (直径7.6cmココット型5個分)

ヨーグルト ························100g
　※水切りして約50gを使用
卵 ····································1個
ラカントS ·····························25g
レモン汁 ··················5g(小さじ1)
A ┌ アーモンドパウダー ···········10g
　│ ベーキングパウダー
　└ ·················2g(小さじ1/2)
牛乳 ·································25g
メレンゲ用の塩 ·············ひとつまみ

準備

・ヨーグルトは手順1を参照して水切りする
・ヨーグルトの水切りができたらオーブンを
　200℃に予熱し、湯煎用のお湯を沸かす
・卵は卵黄と卵白に分ける
・Aは同じ器に合わせて量っておく

作り方

1

ヨーグルトが約半量になるまで2〜3時間水切りをする。水切りのやり方は次のページを参照。

50ccほど水が出ます

2

卵黄にラカントSの半量を加えてハンドミキサーの低速〜中速で混ぜ、しっかりと混ざったら1とレモン汁を加えて中速〜高速で混ぜる。

3

Aを加え粉が飛び散らないよう低速〜中速で粉気がなくなるまで混ぜる。

4 牛乳を加えてなじむまで混ぜる。写真のように水分の多い状態の生地になる。

メレンゲはしっかりと泡立てて

5 ハンドミキサーを綺麗に洗ってしっかりと水気を拭く。別のボウルに卵白と塩を入れ、p.16を参考に残りのラカントSを加えてメレンゲを立てる。固く泡立ったら1/3量を4に加え、ハンドミキサーの低速で泡が見えなくなるまで混ぜる。

6 残りのメレンゲを2回に分けて加え、その都度ゴムベラで泡を潰さないように下からすくうように混ぜる。

素早く手際よく

7 ココット型の7～8分目くらいまで均等に生地を入れ（1個あたり約30gずつ）、空気を抜く。

8 天板またはココット型が入る大きめの耐熱容器に、沸かしておいたお湯と水を約1：2で混ぜて人肌程度（30～40℃）にしたぬるま湯を1cmほど注ぎ、ココット型を並べる。

熱湯だと焼き上がりが割れてしまうので注意！

9 200℃のオーブンで10分焼き、焼きたてのあつあつを食べる。

10 冷めると生地がしぼんでこんな感じに。すぐに食べない分は冷蔵庫で冷やしても美味しく食べられます。

🐾 Point ヨーグルトの水切りの仕方

コップの上にザルを置いてクッキングペーパーを敷く、もしくはドリッパーにコーヒーフィルターをセットして分量のヨーグルトをのせて、必要な量になるまでそのまま置いておきます。出た水分（ホエー＝乳清）には栄養があるので、そのまま飲んでも、お菓子や料理に使っても。

お土産やプレゼントに
ぴったりな焼き菓子

Baked sweets for gift

お土産にもらうと嬉しい
焼き菓子。小分けにできて
形が崩れにくく、持ち運び
やすいお菓子を選びました。

Brownie

ブラウニー

ワンボウルで混ぜるだけで出来上がる定番スイーツ。
隠し味のブランデーはお好みで。

1/8カット
あたり
糖質 0.98g
93 kcal

材料（8×18×6cmパウンド型1本分）

バター	35g
ラカントS	30g
卵	1個
A ┌ アーモンドパウダー	15g
┤ ココア	15g
└ ベーキングパウダー	4g(小さじ1)
牛乳	15g(大さじ1)
ブランデー	15g(大さじ1)
※お好みでラム酒などで代用可。なくてもOK	
クルミ	30g

準備

・オーブンは170℃に予熱する
・バターは常温に戻す
・Aは同じ器に合わせて量っておく
・型に型紙を敷く

作り方

バターが固いと
混ざらないので注意

混ざらないよりは
混ぜすぎるほうがベター！

1

常温に戻したバターを柔らかく混ぜ、ラカントSを加えてなじむまでしっかりと混ぜる。ハンドミキサーでも泡立て器でもよい。

2

卵を加え、写真のように分離した感じがなくなるまでしっかりと混ぜる。

3

Aを入れて粉が飛び散らないようそっと混ぜ、粉気がなくなるまでよく混ぜる。

お酒はお好みで

クルミは砕いてもそのままでも

4

牛乳とブランデーを加え、ツヤが出るまで混ぜる。ブランデーは入れなくても、好みの蒸留酒にしてもよい。

5

クルミの半量を砕いて加えて軽く混ぜて型に入れ、空気を抜いて表面をならす。

6

残りのクルミをのせて170℃のオーブンで30分焼く。粗熱が取れたら型と型紙を外して冷ます。

Soy pulp muffin

おからマフィン

おからをたっぷり使った素朴な味わいのマフィンです。
お子さまのおやつにもぴったり。

1個
あたり

糖質 0.49g
87kcal

材料（直径7cmマフィン型8個分）

A ┌ おから ……………………………… 100g
  │ ※おからパウダーの場合はパウダー
  │ 20gを水80gで戻す
  │ ラカントS ……………………………… 50g
  └ ベーキングパウダー ……… 4g(小さじ1)
油 …………………………………………… 50g
卵 …………………………………………… 2個

準備

・オーブンは180℃に予熱する
・ボウルにAを合わせて量り入れる
・型にグラシンカップもしくは
　アルミカップを敷く

※金型不用のマフィンカップを使用してもよい

作り方

ざっくり混ざれば大丈夫！

1 ボウルに入れたAを泡立て器もしくはハンドミキサー低速で軽く混ぜる。混ざるとボロボロとした感じになる。

2 真ん中にくぼみを作り、油と卵を入れる。先に卵を潰し、内側から外側に向かって少しずつ全体を混ぜる。

3 泡立て器かハンドミキサーの低速～中速で全体がなじむまでよく混ぜ、型の7分目くらいまで流し入れる。

4 180℃のオーブンで20分焼き、型のまま冷ます。触れる温度になったら金型から出してケーキクーラーに移す。

❀ Point

おからパウダーは微細のものを使うとしっとりとした口当たりに仕上がり、表面も滑らかになります。マフィンらしい食べ応えがほしい場合は、微細でないものを使うのがおすすめです。

Cream cheese & lemon muffin

クリームチーズと
レモンのマフィン

クリームチーズとレモンの酸味が爽やかなマフィン。
バスケットに詰めてピクニックに行きたくなっちゃいます。

材料 (直径7cmマフィン型8個分)

A ┌ クリームチーズ ……………………… 60g
  └ バター ……………………………… 40g
ラカントS ……………………………… 50g
卵 ……………………………………… 2個
B ┌ アーモンドパウダー ……………… 60g
  └ ベーキングパウダー ……… 4g(小さじ1)
レモン汁 …………………… 15g(大さじ1)
アーモンドスライス ………………… お好みで

準備

・オーブンは180℃に予熱する
・Aをボウルに量り入れ、常温に戻しておく
・Bは同じ器に合わせて量っておく
・型にグラシンカップもしくは
　アルミカップを敷く
※金型不要のマフィンカップを使用してもよい

作り方

しっかり常温に戻っていれば
泡立て器でもOK

分離しないように

1 常温に戻したAをハンドミキサーの低速~中速で柔らかくなるまで練る。クリームチーズとバターが一体化してクリーム状になるまでしっかりと。

2 ラカントSを入れて中速でよくなじむまで混ぜる。

3 卵を入れて中速~高速でしっかりと混ぜる。

4 Bを加え、粉が飛び散らないよう低速で粉気がなくなるまで混ぜる。混ざったらレモン汁を加えて軽く混ぜる。

5 マフィン型の7分目まで流し入れ、お好みで表面にアーモンドスライスをのせる。180℃のオーブンで20分焼き、型のまま冷ます。触れる温度になったら金型から出してケーキクーラーに移す。

Gâteau basque

ガトーバスク

フランスとスペインにまたがるバスク地方のお菓子を低糖質にアレンジ。
ブルーベリー以外の果物でも作れます。

1個
あたり
糖質1.45g
108kcal

材料（直径7cmマフィン型8個分）

バター	50g
ラカントS	35g
卵	1個
アーモンドパウダー	60g
ブランデー（あれば）	15g（大さじ1）
ブルーベリー	50g（約40粒）

準備

・バターは常温に戻す
・ブルーベリーは洗って水気を拭く
・型にグラシンカップもしくは
　アルミカップを敷く

※金型不要のマフィンカップを使用してもよい

作り方

泡立て器でもOK

1 ハンドミキサーの低速〜中速でバターを柔らかく練るように混ぜ、ラカントSを加えてしっかりと混ぜる。

2 卵を加え、全体が白っぽく混ざるまでしっかりと混ぜる。卵が泡立たないように注意。

飛び散らないよう慎重に

3 アーモンドパウダーとブランデーを加え、低速〜中速で粉気がなくなるまで混ぜる。

4 生地を型に均等に入れ（ティースプーン山盛り2杯ずつ程度）、水をつけた指で表面を平らにする。

だいたい1個あたり3〜5粒程

5 生地の上にブルーベリーをのせ、冷蔵庫で30分休ませる。頃合いを見てオーブンを170℃に予熱する。

6 170℃のオーブンで25分焼き、焼き上がったらケーキクーラーに移して冷ます。

🌸 Point

ブルーベリー以外の果物で作りたい場合は、巻末のリストを参考に糖質の低い果物を選んでみてください。ベリー系の酸味のあるものがよく合います。

Dacquoise

ダックワーズ

独特の味わいを低糖質ならではの形にしたレシピ。
しっとりとした生地にたっぷり挟んだコーヒークリームが
贅沢感を演出してくれます。

1個
あたり
糖質1.13g
75kcal

材料（直径4〜5cmのもの10個分）

卵白	2個分（約70g）
メレンゲ用の塩	ひとつまみ
ラカントS	30g
A ┌ アーモンドパウダー	80g
└ ベーキングパウダー	4g（小さじ1）

コーヒークリーム

バター	30g
ラカントS	4g（小さじ1）
インスタントコーヒー	2g（小さじ1）

準備

・オーブンは170℃に予熱する
・Aは同じ器に合わせて量り、
　フォークや泡立て器などでダマを潰しておく
・バターは常温に戻す
・天板にクッキングシートを敷く

作り方

1

卵白と塩、ラカントSで、p.16を参考にしっかりと固めのメレンゲを作る。Aを入れてゴムベラで泡を潰さないよう、切るようにして粉気がなくなるまで混ぜる。

絞り出し袋を大きめのコップなどに広げて生地を入れると簡単！

2

1の生地を絞り出し袋の端から詰めるようにして入れる。袋の先端から3cmのところを切る。

生地と生地の間は2cmずつあけて

3

直径4cm、高さ1cmの円形になるように20個分絞り出す。真上から一ヶ所に押し付けるように絞り、最後は力を緩めてから持ち上げると綺麗にできます。

全体的にちょっと褐色になるくらい焼く

4

水をつけた指で表面を整え、170℃のオーブンで13分焼く。柔らかめの生地なので天板にのせたまま冷まし、粗熱が取れたらケーキクーラーに移して冷ます。

多少コーヒー粒が残っていても美味しい

5

冷ましている間にコーヒークリームを作る。小さめの容器にバターを入れ、ハンドミキサーのビーターを1個にして柔らかく混ぜる。コーヒーとラカントSを加えて好みの具合まで混ぜる。

6

焼き上がった生地が完全に冷めたら、5のクリームをティースプーン1杯ずつのせ、もう1枚でサンドする。

🌸 Point

絞り出し袋はジップロックやポリ袋でも代用可。口金は不要です。
生地を端に詰めるように入れ、先端から3cmをカットして絞り出しましょう。マフィンやガトーバスクも絞り出し袋を使うと生地が飛び散らず綺麗に型に入れられます。

この本で使用した主な食材＆お菓子作りに使いやすい食品リスト

お菓子を作るときに使いやすい食品の100gあたりの糖質と熱量をまとめました。
普段の食事や、低糖質のお菓子を作るときの参考にしてみてください。

※日本食品標準成分表2020年版（八訂）より、炭水化物から食物繊維を差し引いたものを糖質として計算しています。
※あくまで参考値であり、商品によって異なることがあります。
※日本食品標準成分表2020年版（八訂）にないものはメーカー参考値を参照しています。
※ラカントSは熱量0、糖質は体内に吸収されないため、本リストには掲載していません。

分類	食品	糖質（g）	熱量（kcal）
穀類	薄力粉（1等）	73.3	349
	米粉	81.3	356
砂糖及び甘味類	上白糖	99.3	391
	グラニュー糖	100	393
	はちみつ	81.9	329
豆類	きな粉（黄大豆・全粒大豆）	10.4	451
	木綿豆腐	0.4	73
	絹ごし豆腐	1.1	56
	生おから	2.3	88
	おからパウダー	8.7	333
	豆乳（無調整）	2.9	44
種実類	アーモンド	10.8	609
	クルミ	4.2	713
	ココナッツパウダー	9.6	676
野菜類	アスパラガス	2.1	21
	かぼちゃ	17.1	78
	生姜	4.5	28
	玉ねぎ	6.9	33
	とうもろこし	13.8	89
	ミニトマト	5.8	30
	人参	6.5	35
	パプリカ（黄ピーマン）	5.3	28
	ブロッコリー	1.5	37
	ほうれん草	0.3	18
果実類	アボカド	2.3	178
	いちご	7.1	31
	グリーンオリーブ塩漬	1.2	148
	ブラックオリーブ塩漬	0.9	121
	オレンジ（バレンシア）	9	42

分類	食品	糖質（g）	熱量（kcal）
果実類	グレープフルーツ	9	40
	レモン汁	8.6	24
	キウイフルーツ	10.8	51
	さくらんぼ	14	64
	パインアップル	12.5	54
	バナナ	21.4	93
	ブルーベリー	9.6	48
	ラズベリー	5.5	36
	りんご	14.3	56
魚介類	スモークサーモン	0.1	143
	ツナ缶	0.1	265
卵類	全卵	0.4	142
	卵黄	0.2	336
	卵白	0.5	44
乳類	牛乳	4.8	61
	生クリーム（動物性）	6.5	404
	生クリーム（植物性）	3.3	353
	ヨーグルト	4.9	56
	カッテージチーズ	1.9	99
	カマンベールチーズ	0.9	291
	クリームチーズ	2.3	313
	粉チーズ	1.9	445
油脂類	菜種油	0	887
	バター（有塩）	0.2	700
	バター（無塩）	0.2	720
菓子類	チョコレート（ミルク）	51.9	551
し好飲料類	ブランデー	0	234
	ラム	0.1	237
	抹茶	1	237
	紅茶（茶葉）	13.6	234
	コーヒー（インスタント）	56.5	287
	ココア（ピュアココア）	18.5	386
調味料及び香辛料類	食塩	0	0
	シナモン	79.6	356
	ベーキングパウダー	29	150

著者 山本蓮理（やまもと・れんり）

低糖質＆低カロリー＆グルテンフリースイーツ専門店『夢見菓子』オーナーパティシエ。
低糖質＆低カロリースイーツレシピを発信する『夢見レシピ』主宰。
パティシエとして砂糖や小麦粉を大量に使ったスイーツの商品開発と試食を繰り返す中で、
体重増加や栄養不足を強く感じるようになり、低糖質スイーツの研究を始める。
最初に商品化した"夢見るためのガトーショコラ"は日本最大級のお取り寄せ情報サイト
「おとりよせネット」の3部門で1位を獲得。『夢見菓子』は購入者の約9割から★5評価
を得る人気店となる。
「ダイエット中の人や、健康に気をつかっている人にもストレスフリーに甘いものを楽し
んでほしい」という思いのもと、低糖質スイーツの開発・レシピ提案を行っている。
これまでの経験を生かして資金・資格なしからのお菓子屋さん開業支援も展開し、レンタル
キッチン事業や開業相談も行う。（一社）フードアナリスト協会認定講師としても活動している。

[夢見菓子]
Twitter @yumemigashi
Instagram @yumemigashi
HP http://yumemigashi.com/

[夢見レシピ]
Instagram @yumemi_recipe
YouTube https://youtube.com/channel/UCf1kWpPmJwdEPGwOfgxSlPg
▶「夢見レシピ」「蓮理の夢見チャンネル」で検索！

[山本蓮理／お菓子屋さん開業支援]
Twitter @renlie
Instagram @renlie410
HP http://yumemi-kitchen.com/

シンプルな材料だけで美味しく作れる
低糖質の焼き菓子

発行日　2021年 9月 10日　　第1版第1刷

著 者　山本　蓮理

発行者　斉藤　和邦
発行所　株式会社　秀和システム
〒135-0016
東京都江東区東陽2-4-2 新宮ビル2階
Tel 03-6264-3105（販売）Fax 03-6264-3094
印刷所　三松堂印刷株式会社　　　　　Printed in Japan

ISBN978 4-7980-6557-1 C0077

定価はカバーに表示してあります。
乱丁本・落丁本はお取りかえいたします。
本書に関するご質問については、ご質問の内容と住所、氏名、電話
番号を明記のうえ、当社編集部宛FAXまたは書面にてお送りくだ
さい。お電話によるご質問は受け付けておりませんのであらかじ
めご了承ください。

Staff
撮影／三浦英絵
スタイリング／宮沢史絵
デザイン／中山詳子＋渡部敦人（松本中山事務所）
栄養計算／山本蓮理
栄養計算監修／秋山寿磨子
校正／宮崎守正

協力
サラヤ株式会社

Special Thanks
太刀川由香利　影野若葉
山本勉　今村昌功
田内志史　Noah